SIÈGE
DE LILLE
EN 1792

Avec les pièces justificatives.

LILLE,

CHEZ TOUS LES LIBRAIRES.

Les personnes qui seront curieuses de connaître les principales anecdotes relatives au siége ; la part que les canonniers bourgeois ont prise à la défense de Lille, et une multitude de renseignements historiques qui n'ont pu entrer dans ce petit volume, feront bien de se procurer l'ouvrage dont voici le titre :

HISTOIRE DU SIEGE DE LILLE en 1792, par Blismon, volume in-18, orné d'une lithographie, Prix : 50 centimes.

JOURNAL
DE L'ATTAQUE DE LILLE,

Du 24 septembre au 8 octobre 1792, l'an 1.er de la République Française,

Rédigé sous les yeux du conseil de guerre.

La confiance naturelle où l'on devait être que l'ennemi n'oserait tenter une entreprise aussi hardie que l'attaque de Lille, n'avait point ralenti l'activité des mesures défensives. Tout se disposait pour lui opposer une vigoureuse résistance, lorsqu'un changement survenu dans la position de nos armées ouvrit jour à l'exécution de son projet. Avant d'entrer dans le narré de ses opérations, il est important de le faire précéder de quelques détails antérieurs sur les mouvements qui les ont déterminées.

La garnison de Lille étant considérablement diminuée par le rassemblement de forces qu'il fallait opposer à l'ennemi au camp de Maulde, après la levée du camp de Famars, et la marche de la majeure partie des troupes vers l'armée du centre, nous n'occupions que par de faibles détachements les postes de Lannoy et de Roubaix, à trois lieues en avant de Lille. L'ennemi s'en empara dès le 5 septembre, et y développa des forces supérieures, contre lesquelles on ne put rien tenter sans compromettre évidemment la sûreté de la place confiée au général Ruault, bien moins encore lorsque la levée du camp de Maulde, le 7, nécessitée par l'invasion de l'armée prussienne en Lorraine, et sa marche rapide vers le centre, eut mis la frontière à découvert. L'ennemi s'empara de Saint-Amand dès le 8 ; Orchies, évacué le 10, fut bientôt en son pouvoir ; un essaim de troupes légères se développa sur toutes nos communications, dès le moment que nous cessâmes de tenir la campagne.

Cependant, le général Ruault avait fait faire, le 11 et le 12, deux sorties successives sur les avant-postes de l'ennemi avec quatre cents hommes, cent chevaux et deux pièces de canon, l'une et l'autre commandée par M. Clarenthal, lieutenant-colonel du 6.e régiment de cavalerie, elles eurent un succès tel que l'ennemi fut repoussé au-delà de Flers et d'Annapes.

L'ennemi se renforçant chaque jour considérablement, surtout en cavalerie, on ne put rien entreprendre au-delà, et les autres places de première ligne, comme celle-ci, menacées tour-à-tour par ses divers mouvements, ne purent s'occuper que de leurs moyens défensifs et du renforcement de leur garnison respective.

L'armée ennemie se développa successivement en divers camps, dont les détachements, poussés assez près de la place, eurent bientôt intercepté toutes nos communications, à l'exception de celles avec Béthune et Dunkerque, immédiatement couvertes par le canal de la Haute-Deûle, sauf la partie intermédiaire entre Lille et Haubourdin;

toute l'attention des généraux dut donc s'y porter : ce poste fut occupé ainsi que l'Abbaye de Loos : Armentières fut renforcée pour défendre cette partie du cours de la Lys et couvrir nos dépôts de subsistances. La Basse-Deûle fut également soutenue d'environ neuf cents hommes et quatre pièces de canon aux postes de Wambrechies et de Quesnoy.

Telles étaient nos dispositions, lorsque le 23 septembre au matin, on s'aperçut clairement de celles de l'ennemi ; les rapports des jours précédents nous avaient informé qu'il campait déjà vers Ennetières et Lesquin, entre Lille et Pont-à-Marcq : on découvrit, des lieux les plus élevés de la ville, qu'il formait un camp plus considérable entre les villages de Lezennes et d'Annapes, et qu'il s'étendait successivement, en différentes parties, vers Flers et Mons-en-Barœul.

Nous gardions la tête du faubourg de Fives, tandis qu'on s'occupait à faire, dans cette partie, l'abattis des haies pour éclairer ses mouvements et y diriger les feux de la place.

Le 24, dans la journée, l'ennemi poussa quelques chasseurs vers les Belges qui gardaient cet avant-poste, ce qui détermina le lieutenant-général Duhoux, arrivé depuis peu de jours, à faire une sortie avec deux cents hommes de différents piquets de la garnison et deux pièces de canon, non compris la grand'garde journalière de cent hommes de ligne, d'une pièce de canon et de trente chasseurs Belges ; l'ennemi s'éloigna bientôt, après avoir essuyé quelques pertes dans sa cavalerie, dispersée par le feu nourri de ces pièces.

Le général à peine rentré dans la place, on apprit que l'ennemi se rapprochait en force de la tête du faubourg, et que la grand'garde avait été obligée de se replier sur la lunette de Fives et dans les chemins couverts ; il fut résolu de l'attaquer le lendemain, et les dispositions furent faites de suite.

Le 25, à six heures du matin, le lieutenant-général Duhoux, commandant en chef, accompagné, comme il l'avait été la veille, par le maréchal-de-camp Champmorin, sortit avec six cents hommes aux ordres de M. Depierre, lieutenant-colonel du 24.e régiment, de M. Valuber, lieutenant-colonel du bataillon des volontaires de la Manche, cent chevaux commandés par M. Clarenthal, lieutenant-colonel du 6.e régiment, et 4 pièces de canon. Mais, à peine fût-on parvenu aux premières maisons du faubourg, que l'ennemi, qui l'occupait dans tous les points, fit un feu très-vif sur notre avant-garde. Les troupes se déployèrent successivement, et le feu, tant de nos pièces que de la mousqueterie, repoussa l'ennemi jusque vers la tête du faubourg, où une résistance opiniâtre, après trois heures d'action, fit juger de la supériorité de ses forces, d'ailleurs masquées par le fourré des dernières fermes. Le général ordonna la retraite, elle se fit au petit pas et en bon ordre; et fut protégée par les dispositions qu'avait faites le général Ruault dans les chemins couverts, et soutenue du feu de l'artillerie de la place et des ouvrages extérieurs. Nous eûmes, dans cette sortie, deux hommes tués et une quinzaine de blessés. Philippe Chabot, capitaine au 15.e régiment, du nombre de ceux-ci, mourut le même jour. La perte de l'ennemi dût être considérable.

Le conseil de guerre assemblé à la suite de cette expédition, déclara la place en état de siége; on s'occupa, dès ce moment, de toutes les mesures qui restaient à prendre pour assurer et prolonger la défense. L'artillerie, aux ordres du lieutenant-colonel Guiscard, fit, sur le front menacé, toutes les dispositions convenables; elle travailla avec la plus grande activité à faire l'évacuation des magasins à poudre de la vieille porte de Fives et de la Noble-Tour : le génie, par les soins du lieutenant-colonel Garnier, chef dans la place, disposa toutes les manœuvres d'eau pour tendre la grande inondation; des blindages pour abriter davantage l'un des magasins à poudre de l'Esplanade, et d'autres précautions du même genre dans l'intérieur de la Citadelle pour la sureté de ses défenseurs.

Le 26 au matin, on reconnut que l'ennemi avait ouvert la tranchée dans la nuit par une communication très-éloignée partant des premières maisons du village d'Hellemmes et allant gagner le chemin du Long-Pot attenant au faubourg de Fives. L'extrémité de son travail semblait annoncer le développement de sa première parallèle à environ 350 toises dusaillant des ouvrages extérieurs du front de la Noble-Tour; le général Duhoux ordonna une sortie dans l'après-midi; les dispositions faites, il marcha par la porte des Malades, avec les maréchaux-de-camp Ruault et Champmorin, et l'aide-de-camp du général Ruault, six cents hommes d'infanterie, des volontaires nationaux, commandés par MM. Chemin, Valuber et Branchard, cent cinquante chevaux aux ordres de M. Baillot, lieutenant-colonel au 13.e régiment de cavalerie et deux cent cinquante Belges, conduits par M. Osten, lieutenant-colonel commandant. Le feu de l'artillerie de la place avait foudroyé, par diverses salves, le travail de l'ennemi, nos troupes achevèrent de l'en déloger, non sans une perte considérable de sa part : nous n'eûmes que deux Belges de blessés ; la cavalerie de l'ennemi n'osa rien entreprendre sur la retraite, qui fut protégée par la nôtre et par le canon de la place.

Le 27, l'ennemi sans avoir beaucoup étendu ses ouvrages vers la gauche, avait travaillé la nuit à les perfectionner et se prolongeait sur la droite à l'abri des masures du faubourg que les Belges avaient incendié et que le canon avait battu avec succès ; ses dispositions faisant juger qu'il pourrait embrasser en attaque régulière le front de la Noble-Tour, le maréchal-de-camp commandant du Génie fit la reconnaissance d'une lunette à placer en retour du faubourg des Malades (1), et qui aurait battu tellement à re-

---

(1) Faubourg de Paris.

vers les tranchées de l'ennemi, que leur cheminement eût été de la plus grande difficulté. Les officiers du génie firent travailler dans l'après-midi à la communication à l'ouvrage projeté ; mais l'ennemi s'étant concentré dans le projet d'un bombardement, il n'en fut pas fait suite.

Le 28, les travaux de l'ennemi se bornèrent, comme la veille, à faire des dispositions de batteries formidables, auxquelles il travaillait avec la plus grande activité, tant de jour que de nuit, à l'aide des couverts derrière lesquels il s'enfonçait : le grand feu de la place, qui se dirigea sur tout son développement, dût, cependant, lui faire perdre du monde comme on l'a su par le rapport de quelques déserteurs.

Le 29 au matin, l'ennemi poursuivit l'achèvement de ses batteries, quoique notre feu ne cessât pas de le tourmenter ; tel était l'état des choses, lorsque, vers onze heures, on vint annoncer au conseil de guerre qu'un officier supérieur autrichien, accompagné d'un trompette, se présentait à la porte St.-Maurice. Le général Ruault, redevenu commandant en chef depuis les ordres donnés au général Duhoux de se rendre à Paris, détacha aussitôt le capitaine Morand, son aide-de-camp, pour aller conjointement avec M. de Varennes, colonel du 15.º régiment d'infanterie, recevoir l'officier envoyé de l'armée ennemie; on lui fit traverser la ville en voiture, les yeux bandés, et il fut introduit au conseil : il remit alors une dépêche du capitaine-général Albert de Saxe, portant sommation au général-commandant de rendre la ville et la citadelle à l'empereur et roi : il annonça qu'il en avait une autre pour la Municipalité; mais, sur l'observation qui lui fut faite que les lois françaises, suivant lesquelles la place avait été mise en état de siége, ne permettaient pas de le laisser communiquer avec la Municipalité, cet officier consentit à la remettre au général-commandant, qui lui donna l'assurance de la faire passer de suite à a destination, et de lui en remettre la réponse conjointement à la sienne. La copie de ces pièces se trouve à la fin de ce volume, sous les numéros 1, 2, 3 et 4.

Vers une heure de l'après-midi, l'officier autrichien sortit de la salle du conseil, et fut reconduit avec les mêmes précautions à la porte Saint-Maurice : le peuple qui avait porté à sa mission tout le respect commandé par le droit des gens, ne fut pas plutôt instruit de son objet, que des houras s'élevant de toutes parts sur les pas de l'envoyé, firent retentir les airs des cris redoublés de Vive la Liberté ! Vive la Nation ! Citoyens, soldats, officiers-généraux, tous patagèrent l'indignation d'une sommation révoltante, et la fermeté énergique avec la laquelle les officiers municipaux et le général commandant avaient juré de mourir fidèles à la Patrie.

A peine l'envoyé eut-il atteint les postes de l'armée ennemie, que son artillerie, par la détonation subite de 12 mortiers et 24 pièces de gros canons tirant à boulets rouges, jeta l'alarme dans les divers quartiers de la ville. Notre artillerie opposa à ce feu épouvantable, soutenu avec la plus grande vivacité, toute l'énergie de moyens dont elle était capable ; cependant, l'église de Saint-Etienne et les maisons voisines furent bientôt la proie des flammes, malgré la celérité des secours que les officiers municipaux conduisirent en personne.

Le 30, l'ennemi soutint tout le jour, comme il l'avait fait dans la nuit, le feu étonnant de la veille ; l'incendie continua autour de l'église Saint-Etienne. Un autre plus considérable encore s'était manifesté dans le quartier de la paroisse Saint-Sauveur, où l'ennemi avait dirigé un déluge de bombes. Les citoyens, les soldats, animés par la présence des officiers municipaux, s'efforcent d'en arrêter les progrès ; leurs efforts sont vains ; on porte des secours partout où le même danger peut se manifester, et ce n'est pas sans des soins infinis, que les citoyens des différents quartiers, veillant jour et nuit, à travers tous les dangers, à suivre la direction des boulets rouges dans la toiture des maisons, parviennent à en arrêter les effets les jours suivants.

Le 1.er octobre, même feu soutenu de la part de l'ennemi, malgré la vivacité du nôtre ; des incendies partiels se manifestent encore, des secours prêts et rassemblés à la Maison-Commune y volent avec les pompes.

Ce même jour arriva le général Lamarlière avec six bataillons de volontaires nationaux, deux de troupes de ligne et trente-sept canonniers citoyens de Béthune. (1)

Le 2, le feu de l'ennemi s'étant un peu ralenti, et par intervalle, tourmenté sans doute et affaibli par la vivacité du nôtre, tant de canons que de mortiers ; il nous arriva en ce même jour un bataillon de volontaires fédérés.

Le 3, dès la pointe du jour, le feu de l'ennemi et le nôtre furent très-vifs de part et d'autre : la surveillance continuelle des citoyens aux incendies, les arrêtait partout où

---

(1) Voyez la proclamation que fit afficher le Conseil de Guerre, le 30 septembre, n. 6 des pièces justificatives.

il s'en montrait (1). Les pompes de la ville suffisaient à peine : ce fut donc dans les transports d'une joie universelle, et d'un sentiment difficile à rendre, que l'on vit arriver à la fois les pompes des villes de Béthune, Aire, Saint-Omer et Dunkerque (celle-ci avait envoyé les siennes en poste) : elles furent du plus grand service dans ce moment (2).

Le 4, l'ennemi avait moins tiré de la nuit, où il s'était occupé, sans doute, à réparer le désordre que nos batteries avaient pu causer

---

(1) La familiarité que le citoyen et le soldat avaient prise dès les premiers jours du bombardement, avec l'essaim des boulets rouges lancés par l'ennemi, les avaient rendus ingénieux sur les moyens d'en parer le ravage. Chaque rue avait sur divers points de son étendue, des guetteurs qui, jour et nuit, observaient la direction des boulets : ils les suivaient à la piste au moment de leur chûte, volaient promptement à leur découverte, et les éconduisaient, après les avoir noyés à outrance dans les vases que chaque maison tenait pleins d'eau à cet effet.

(2) Des secours en vivres et en défenseurs s'annonçaient de même et arrivaient de toutes parts, tant la courageuse résistance de Lille, à un genre d'attaque aussi révoltant, donnait d'énergie aux habitants des villes contre l'agresseur barbare du sol de la liberté.

dans les siennes; mais, depuis huit heures du matin jusqu'à onze, il fit à la fois le feu le plus vif et le mieux soutenu de bombes, de boulets rouges et de boulets froids, soit que les premiers manquassent à sa durée, soit qu'il voulût tromper la vigilance des citoyens à travers l'abondance effroyable d'un tel feu; le nôtre ne fut pas moins soutenu, et l'un et l'autre s'attaquèrent de nouveau vers les deux heures de l'après-midi avec la plus grande violence. Deux bataillons de volontaires et un de troupe de ligne entrèrent ce même jour dans la place.

Le 5, le feu de l'ennemi, qui avait continué pendant la nuit, mais avec quelques intervalles de repos, parut beaucoup moins vif dans la matinée : il s'affaiblit sensiblement dans le reste de la journée, et ne tirait plus que de quatre à cinq pièces, toujours à boulets rouges, sans qu'il en résultat d'autres incendies inquiétants.

Le soir, à huit heures, arrivèrent au conseil de guerre les citoyens *Delmas*, *Duhem*,

Debellegarde, *Duquesnoy*, *d'Aoust* et *Doulcet*, commissaires-députés de la Convention nationale ; ils y prirent séance dans le moment où l'on agitait la question des sorties vigoureuses proposées par le général Bourdonnaye, commandant en chef de l'armée ; idée à laquelle la position formidable de l'ennemi permettait bien moins de se prêter que sur un développement d'attaque ordinaire. Le général-commandant leur rendit compte de l'état de la place, et de la vigueur des moyens de résistance opposés jusqu'à ce jour (1).

Le 6, l'ennemi, qui n'avait tiré que par intervalle dans la nuit, répondit encore moins, le jour, à la vivacité du nôtre ; il ne tirait plus que de quatre pièces à boulets rouges, et, son feu cessa entièrement dans l'après-midi. Les rapports qui nous furent faits tant de la part des déserteurs que des dehors, s'accordèrent à annoncer la retraite de l'enne-

---

(1) Les représentants du peuple adressèrent à la convention nationale, la lettre dont copie se trouve numérotée 7 dans l'ouvrage annoncé derrière le titre de ce volume.

mi et la marche de sa grosse artillerie vers Tournai : la nôtre ne le laissa pas plus tranquille dans ses retranchements.

Le 7, nul feu de l'ennemi ne s'était fait entendre dans la nuit, deux salves de notre artillerie précédèrent la découverte que le général avait ordonnée de faire à six heures du matin. M. Bourdeville, premier-lieutenant-colonel du 74.e régiment, sortit, par la porte Saint-Maurice, avec deux cents hommes, deux compagnies de grenadiers et un détachement de hussards ; plusieurs coups de mousqueterie des vedettes de l'ennemi, sur ceux-ci et quelques autres partis de retranchements, ne laissèrent aucun doute sur sa présence ; le lieutenant-colonel qui avait eu ordre de marcher avec précaution et de ne rien hasarder, fit sa retraite sous la protection du feu de la place. Des déserteurs nous rapportèrent, en effet, à midi, que l'ennemi gardait encore ses retranchements avec un bataillon d'infanterie, de nombreux piquets de grenadiers et deux dernières pièces de canon.

Le 8, le général fut informé, dans la matinée, que l'ennemi avait fait sa retraite dans la nuit, et se portait de l'autre côté de la Marque, à peu-près à moitié chemin de Tournai; il ordonna, de suite, au maréchal-de-camp Champmorin, de se porter en avant du faubourg de Fives, à la tête d'un détachement de cinq cents hommes des volontaires nationaux et des troupes de ligne aux ordres de M. Dorières, lieutenant-colonel du 15.e régiment, et de M. O. Kœff, lieutenant-colonel du 87.e régiment suivi d'un détachement de hussards, et de faire raser les retranchements de l'ennemi par deux cents travailleurs commandés : nombre de citoyens s'y portèrent en foule, ce qui n'éprouva aucun obstacle.

Ce même jour les incendies fumaient encore, mais tout était calme dans les murs de Lille. L'ennemi avait remporté avec sa honte ses instruments de guerre brisés ; sa perte, suivant nombre de rapports, peut être évaluée à environ deux mille hommes, tant tués que blessés, parmi lesquels nombre de ses canonniers et bombardiers.

Le 9, la destruction des ouvrages de l'ennemi a été poursuivie aux ordres du lieutenant-colonel Guiscard, commandant de l'artillerie, et sera continuée jusqu'à ce qu'il n'en reste aucun vestige.

D'après le rapprochement des divers rapports faits par les déserteurs, l'armée ennemie était forte de vingt-quatre à vingt-cinq mille hommes d'infanterie, et de six à sept mille hommes de cavalerie.

La garnison de Lille, dans les premiers jours de l'attaque, n'était que d'environ six mille hommes d'infanterie et six cents chevaux. L'état ci-après aux pièces justificatives donnera le dénombrement de ses forces et de ses accroissements successifs.

Tel est le récit exact d'une expédition atroce, exécutée contre tous les droits de la guerre, et qui doit à jamais couvrir d'opprobre l'armée autrichienne aux yeux des nations civilisées. En vain s'était-elle flattée de la conquête de Lille, sans développer d'attaque sur les nombreux ouvrages qui la couvrent ; en vain avait elle compté, en portant sur tous les points de sa surface, l'incendie, le ravage et la mort, diviser et soulever un peuple fier de sa liberté. Un calme froid et stoïque, à travers ce théâtre d'horreur, se peignait sur le front du citoyen indigné ; les malheurs de chaque jour enflammaient son courage ; un sentiment héroïque soutenait ses bras défaillants au milieu des fatigues et des veilles ; enfin, tandis que le soldat, par principe et par devoir, fidèlement dévoué à son poste, y déployait, comme au milieu des flammes, une valeur peu commune, le Lillois, insensible à ses pertes, jurait de mourir non-seulement sur les restes fumants de son habitation, mais encore sur la brêche de ses remparts, où l'ennemi ne portait que des efforts impuissants. Epoque à jamais mémorable ! Puissent les chefs, les pères d'un peuple libre, rappeler à leurs derniers neveux la fierté héroïque, les sentiments généreux et vraiment patriotes des braves Lillois.

Fait en conseil de guerre, à Lille, le 10

octobre 1792, l'an 1.er de la République française.

> *Signés*, le maréchal-de-camp commandant, RUAULT ; le maréchal-de-camp, LAMARLIERE ; le maréchal-de-camp chef de brigade du génie, CHAMPMORIN ; le chef de légion, BRYAN ; le colonel du 15.e régiment d'infanterie ; VARENNES ; le lieutenant-colonel commandant l'artillerie, G. GUISCARD ; le lieutenant-colonel du génie, J.-B. GARNIER ; le lieutenant-colonel du 2.e bataillon de la Somme, TORY; le lieutenant-colonel du 4.e bataillon de la Somme, RAINGARD ; le lieutenant-colonel du 19.e régiment d'infanterie, LONG ; le lieutenant-colonel du 22.e régiment d'infanterie, DANGLAS ; le lieutenant-colonel du 6.e régiment de cavalerie CLARENTHAL ; le lieutenant-colonel du 13.e régiment de cavalerie, BAILLOT ; le greffier du conseil de guerre, POISSONNIER.

Pièces Justificatives

ET AUTRES RENSEIGNEMENTS.

(N.º 1) COPIE

De la lettre du lieutenant-gouverneur et capitaine-général des Pays-Bas autrichiens, et commandant-général de l'armée impériale et royale, Albert de Saxe, *à M. le commandant de la ville de Lille.*

M. le Commandant,

L'armée de Sa Majesté l'empereur et roi,

que j'ai l'honneur de commander, est à vos portes; les batteries sont dressées; l'humanité m'engage, monsieur, de vous sommer, vous et votre garnison, de me rendre la ville et la citadelle de Lille, pour prévenir l'effusion du sang. Si vous vous y refusez, monsieur, vous me forcerez, malgré moi, de bombarder une ville riche et peuplée, que j'aurais désiré de ménager. Je demande incessamment une réponse catégorique.

Fait au camp devant Lille, le 29 septembre 1792.

Le lieutenant-gouverneur et capitaine-général des Pays-Bas autrichiens, et commandant-général de l'armée impériale et royale,

Albert de Saxe.

(N.o 2). *Réponse à la lettre précédente.*

M. le Commandant-Général,

La garnison que j'ai l'honneur de commander, et moi, sommes résolus de nous ensèvelir sous les ruines de cette place, plutôt que de la rendre à nos ennemis; et les citoyens, fidèles comme nous à leur serment de vivre libre ou de mourir, partagent nos sentiments et nous seconderont de tous leurs efforts.

Lille, le 29 septembre 1792, l'an 1.er de la République française.

Le maréchal-de-camp commandant à Lille.
RUAULT.

(N.º 3). COPIE

De la lettre écrite à la municipalité de Lille par le lieutenant-gouverneur et capitaine-général des Pays-Bas autrichiens, et commandant-général de l'armée impériale et royale.

A la Municipalité de Lille.

Établi devant votre ville avec l'armée de sa Majesté l'empereur et roi, confiée à mes ordres, je viens, en vous sommant de la rendre, ainsi que la citadelle, offrir à ses habitants sa puissante protection. Mais si, par une vaine résistance, on méconnaissait les offres que je leur fais, les batteries étant dressées et prêtes à foudroyer la ville, la municipalité sera responsable à ses concitoyens de tous les malheurs qui en seraient la suite nécessaire.

Fait au camp devant Lille, ce 29 septembre 1792,

Le lieutenant-gouverneur et capitaine-général des Pays-Bas autrichiens, et commandant-général de l'armée impériale et royale.

Albert de SAXE.

(N.º 4) *Réponse faite à la lettre précédente.*

La Municipalité de Lille à Albert de Saxe.

Nous venons de renouveler notre serment d'être fidèles à la nation, de maintenir la liberté et l'égalité, ou de mourir à notre poste. Nous ne sommes pas des parjures.

Fait à la Maison-Commune, le 29 septembre 1792, l'an 1.er de la République française.

Le conseil permanent de la commune de Lille,

ANDRÉ, maire.

ROHART,

Secrétaire-Greffier par intérim.

(N.º 5). *Lettre adressée à la Municipalité de Lille, par les administrateurs composant le conseil du département du Nord.*

Douai, 29 septembre 1792, l'an 1.er de la République.

Citoyens,

Vous avez parlé en Lacédémoniens, vous agirez de même.

Vous tenez une des clefs de l'empire, elle ne peut être mieux confiée.

Les Administrateurs composant le département du Nord, signé MICHEL, président ; PORENTRU, DOUDAN, DENIER, FAUVEL, DONDEAU, JOSSON, DELVAL-LAGACHE, procureur-général-syndic, et LAGARDE, secrétaire-général.

(N.º 6). *Proclamation du Conseil de Guerre.*

Le 1.er octobre à midi, le Conseil de Guerre fit publier à son de trompe, la proclamation suivante :

« Citoyens, vous le voyez! un ennemi
» atroce ne veut pas vous gouverner, il
» veut vous exterminer. Courage! redoublez
» de zèle contre les incendies, envoyez dans
» les campagnes libres vos tendres épouses,
» vos chers enfants ; défendez vos habita-
» tions des flammes. Soyez assurés, soyez
» absolument certains que la République,
» riche de ses vastes domaines, et des pro-
» priétés des émigrés, fera rebâtir vos mai-
» sons, vous indemnisera de toutes vos per-
» tes. Le conseil de guerre en prend de re-
» chef l'engagement au nom de la nation
» entière libre enfin de ses tyrans.

» Par ordre du Conseil de Guerre,

» Poissonnier, secrétaire-greffier. »

Renseignements.

Noms des membres du Conseil général de la Commune qui ont exercé leurs fonctions pendant le bombardement de 1792.

* André, maire.
* Saqueleu, procureur de la commune.
* Demilly, Robart } secrétaires-greffiers.

OFFICIERS MUNICIPAUX.

* Bernard.
* Brame.
* Brovellio.
- Charvet.
* Devinck.
- Durot.
- Forceville.
- Hautecœur.
* Lachapelle.
* Lefebvre.
* Maricourt.
* Mottez.

* Mourcou.
* Questroy.
* Saladin.

* Scheppers (1).
* Selosse.

NOTABLES.

* Bécu, curé.
Bécu, médecin.
Bryan.
* Capron.
* Cuvelier.
Darcy.
Dathis.
* Degand.
* Behau.
* Delannoy.
Deledeuille, curé de S.t Maurice.
* Deledeuille, curé de S.t Sauveur.
* Detoudy.

Dupont (François).
Gentil.
Houzé.
* Laurent.
Lefebvre fils.
Mannier.
Martel.
Moreau, envoyé en députation vers la convention nationale de laquelle il obtint pour la ville de Lille un secours de 400,000 livres.
Petit.
Pinte.

---

(1) M. Scheppers était le seul officier municipal existant encore lors de la fête commémorative demi-séculaire, le 8 octobre 1842.

* Prouvost.   * Taviel.
Roussel.   * Thery.
Sauvage.   Walop.

Les noms marqués d'un astérisque sont ceux des membres présents à la séance où fut délibérée la belle réponse au général autrichien.

Etat des troupes qui composaient la garnison de Lille lorsque les postes de Roubaix et de Lannoy ont été attaqués, à l'époque du 5 septembre 1792,

Volontaires nationaux.

La Manche..................	522	
1.er de l'Oise................	457	
3.e de l'Oise.................	457	2,012
4.e de la Somme...........	576	

Infanterie.

15.e régiment................	666	
24.e —	576	
56.e —	645	2,400
90.e —	513	

Artillerie.

3.e régiment................	132	132

A reporter....... 4,544

                    Report.......... 4,544
Cavalerie.

6.e régiment...............	356	
13.e —	450	1,128
Un escadron de hussards..	322	

Dans ce nombre sont compris les prisonniers de guerre faits à Roubaix et Lannoy, les hôpitaux et les recrues non instruits ; et, dans la cavalerie, le nombre de chevaux en état de servir n'était que de 600.

Troupes arrivées dans la place à commencer du 11 septembre 1792.

L'Eure, 11 septembre....	467	
Le Nord, 14 septembre..	368	
2.e la Somme, 20 septemb.	660	
Calvados, 21 septembre...	654	
2.e vol. nat. —	745	4,329
Pas-de-Calais —	482	
74.e rég. d'inf., 1er octob.	524	
87.e —	429	

                    A reporter...... 10,001

Report.......... 10,001

Bataillons de Fédérés.

6.e 1.er octobre............	362		
8.e —	400		
14.e —	450		
15.e —	540	}	4,074
16.e —	480		
17.e —	564		
22.e d'infant., 4 octobre..	620		
19.e — 5 octobre..	658		

TOTAL....... 14,075

Les six premiers bataillons de Fédérés sont cantonnés.

La garde nationale de Lille était, au moment du siège, composée de douze bataillons, elle avait pour chefs nouvellement élus,

MM. Bryan, chef de légion ;
    Valton, adjudant-général ;
    Tavant, sous-adjudant-général ;
    Frey, commandant le 1.er bataillon.

Delattre command.t le 2.e bataillon.
Lesage..............le 3.e —
Menart..............le 4.e —
Desmazières.........le 5.e —
Odelant-Dathis......le 6.e —
Tiberghien..........le 7.e —
Fiolet..............le 8.e —
Florent.............le 9.e —
Augeard.............le 10.e —
Wellecomme..........le 11.e —
Jourdain............le 12.e —

La garde nationale, à l'exception des canonniers (220), n'ont point fait pendant le siége un service très-régulier. Les habitants veillaient à la conservation des édifices et des propriétés particulières, ils les faisaient respecter, et ils secondaient les autorités pour le maintien de l'ordre dans l'intérieur. En cas d'attaque, tous ceux en état de porter les armes devaient se porter sur les remparts et se joindre aux troupes de ligne.

Le 12 octobre 1792, le représentant du peuple Goupilleau renouvela la proposition qu'il avait faite le 9, de décréter que LILLE AVAIT BIEN MÉRITÉ DE LA PATRIE ; ce décret fut voté à l'unanimité.

www.ingramcontent.com/pod-product-compliance
Lightning Source LLC
Chambersburg PA
CBHW061011050426
42453CB00009B/1377